Je veux être policier

JE VEUX ÊTRE

Policier

DAN LIEBMAN

FIREFLY BOOKS

A FIREFLY BOOK

Publié par Firefly Books Ltd. 2006

Première impression 2006

Catalogage avant publication de Bibliothèque et Archives Canada
Liebman, Daniel
Je veux être policier / Dan Liebman ; texte français de Tsipora Lior.
Traduction de : I want to be a police officer.
ISBN-10: 1-55407-109-7
ISBN-13: 978-1-55407-109-8
1. Police – Ouvrages pour la jeunesse. I. Lior, Tsipora, 1940- II. Titre.
HV7922.L5314 2006   j363.2'2
C2005-904489-6

Publisher Cataloging-in-Publication Data (U.S.)
Liebman, Dan.
   [I want to be a police officer. French]
   Je veux être policier / Dan Liebman.
[24] p. : col. photos. ; cm.   (I want to be)
Summary: Photos and easy-to-read text about the job of a police officer.
ISBN-10: 1-55407-109-7 (pbk.)
ISBN-13: 978-1-55407-109-8
1. Police – Vocational guidance – Juvenile literature.
I. Title.   II. Series.
363.22 dc22   HV7922.L54 2006

Publié au Canada par :
Firefly Books Ltd.
66 Leek Crescent
Richmond Hill, Ontario L4B 1H1

Publié aux États-Unis par :
Firefly Books (U.S.) Inc.
P.O. Box 1338, Ellicott Station
Buffalo, New York 14205

Références photographiques
© Benn Mitchell, première de couverture
© Ronnie Kaufman/CORBIS, page 5
© Robert Maass/CORBIS, pages 6-7
© Neil Beer/CORBIS, page 8
© France Soir/Pascal Lesire/CORBIS SYGMA, page 9
© Sevin, Whitney & Irma/maXximages.com, page 10
© Karl Weatherly/CORBIS, page 11
© James Leynse/CORBIS, page 12, quatrième de couverture

© David Butow/CORBIS SABA, page 13, 22
© Paul Hardy/CORBIS, pages 14-15
© Lynda Richardson/CORBIS, page 16
© James Marshall/CORBIS, page 17
© David H. Wells/CORBIS, pages 18-19
© Tom Nebbia/CORBIS, pages 20, 21
© Ed Bock/CORBIS, page 23
© Rick Barrentine/CORBIS, page 24

Traduction française : Tsipora Lior
Imprimé en Chine

L'éditeur tient à remercier le Conseil des Arts du Canada, le Conseil des arts de l'Ontario et le Gouvernement du Canada, par l'entremise du Programme d'aide au développement de l'industrie de l'édition, de l'aide financière accordée à son programme de publication.

Les policiers aiment aider les gens. Leur travail consiste à faire respecter la loi.

Les policiers peuvent faire leur travail plus facilement s'ils ont de bons rapports avec les gens du quartier.

De nombreux policiers travaillent à l'extérieur. C'est pourquoi ils portent de grosses vestes pendant les froides journées d'hiver.

Les policiers portent sur eux l'équipement dont ils ont besoin, parfois accroché à la ceinture. Ils peuvent toujours appeler de l'aide.

Une motocyclette est parfois plus pratique qu'une voiture. Elle permet au policier de se déplacer rapide-ment dans des rues achalandées.

Les vélos sont eux aussi pratiques. Surtout en été, quand il y a beaucoup de monde dans les rues.

Certains policiers ont de la chance :
ils peuvent même monter à cheval.
Celui qu'on voit ici patrouille dans
une rue de la ville.

Les policiers inspectent des véhicules pour s'assurer qu'on peut les conduire sans danger.

L'aide arrive ! La sirène et les clignotants de cette voiture de police signalent à tout le monde que ce véhicule a la priorité.

Les gardes forestiers surveillent les forêts et les grands parcs.

Certaines unités de police patrouillent dans les océans, les fleuves ou les grands lacs.

Ce policier peut voir d'en haut une grande partie de la ville.

Un chien policier peut faire des choses qu'un être humain ne peut pas faire. Son odorat lui permet de trouver des explosifs, des enfants perdus ou des criminels qui se cachent.

Le chien policier et son partenaire travaillent dur. Ils sont de bons amis et forment une bonne équipe.

Une partie importante du travail des policiers consiste à faire des rapports sur les accidents et les crimes.

Les agents de la police scientifique examinent les indices pour résoudre des crimes. Cette empreinte digitale pourrait leur révéler l'identité de la personne qui a commis un vol de banque.

Pour devenir policier, il faut de nombreuses qualités. Un policier doit réfléchir rapidement, faire preuve de jugement et savoir utiliser la technologie.